AF175693

Impressum
Verlag: BABADADA GmbH, Nedderfeld 112 , 22529 Hamburg
Geschäftsführer / Verlagsleitung: Harald Hof
Druck: Books on Demand GmbH, In de Tarpen 42, 22848 Norderstedt

Imprint
Publisher: BABADADA GmbH, Nedderfeld 112 , 22529 Hamburg, Germany
Managing Director / Publishing direction: Harald Hof
Print: Books on Demand GmbH, In de Tarpen 42, 22848 Norderstedt

學校
scol

除
dividi

186/2

黑板
borchi

教室
klas

校園
plenchi di scol

老師
maestro

紙
papel

筆
pen

辦公桌
lessenaar

直尺
liniaal

書寫
skirbi

書
buki

學生
alumno

書包
tas di scol

鉛筆盒
etui

鉛筆
potlood

削鉛筆機
slijper

橡皮擦
gum

畫板
buki di pinta

圖畫
pintura

畫筆
cuashi

顏料盒
caha di verf

剪刀
sker

膠水
lijm

練習冊
schrift

家庭作業
huiswerk

數字
number

加
suma

減
kita

乘
multiplica

計算
conta

字母
letter

字母表
alfabet

字
palabra

課文
texto

讀
lesa

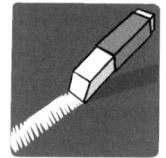

粉筆
krijt

上課
les

登記
klassenboek

考試
examen

證書
diploma

校服
uniform di scol

教育
estudio

百科全書
enciclopedia

大學
universidad

顯微鏡
microscop

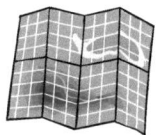

地圖
mapa

廢紙簍
bari di sushi

旅行

biahamento

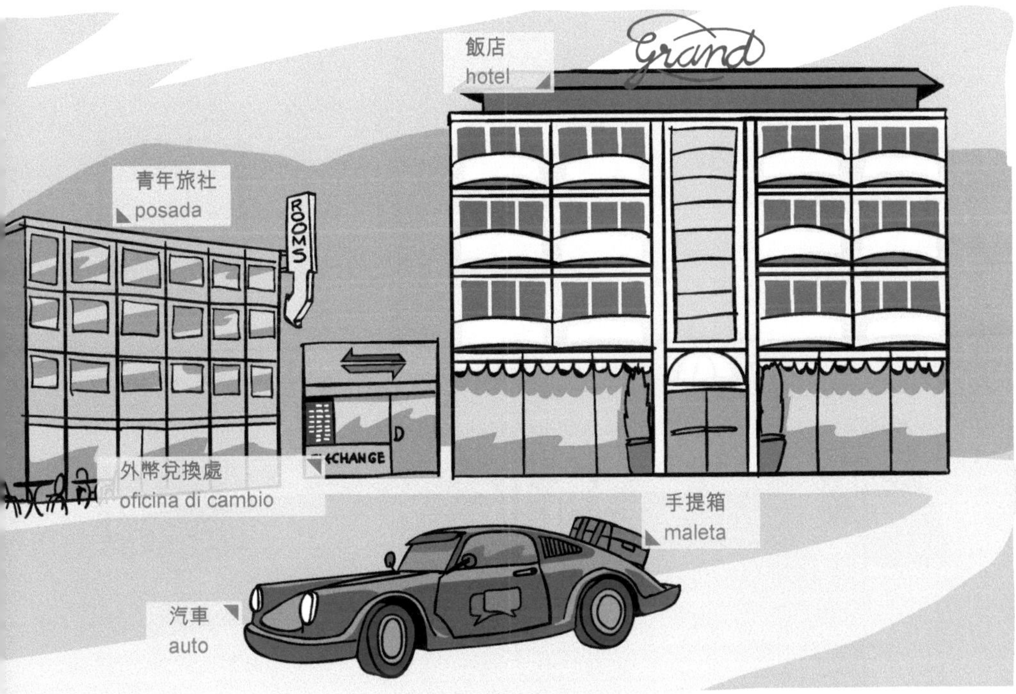
飯店
hotel
Grand
青年旅社
posada
ROOMS
EXCHANGE
外幣兌換處
oficina di cambio
手提箱
maleta
汽車
auto

語言

idioma

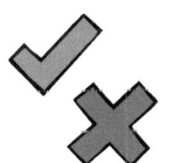

是/否

si / no

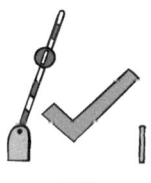

好的

bon

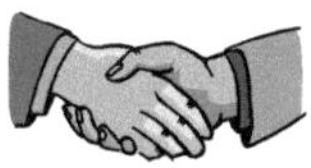

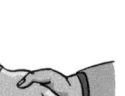

您好

hallo

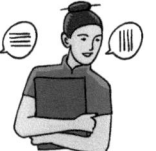

翻譯人員

tolk

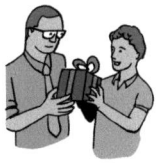

謝謝

masha danki

……多少錢？

Cuanto esaki ta costa?

我不明白

Mi no ta compronde

問題

problema

晚上好！

bon nochi

早上好！

Bon dia!

晚安！

Bon nochi!

再見

ayo

方向

direccion

行李

maleta

包

handbag

背包

rugtas

客人

huesped

房間

camber

睡袋

slaapzak

帳篷

tent

旅行資訊
informacion pa turista

海灘
lama

信用卡
credit card

早餐
desayuno

午餐
cuminda di merdia

晚餐
cuminda di anochi

票
carchi

電梯
cabe'i boto

郵票
stampia

邊界
grens

海關
duana

大使館
embahada

簽證
visa

護照
paspoort

交通運送

transport

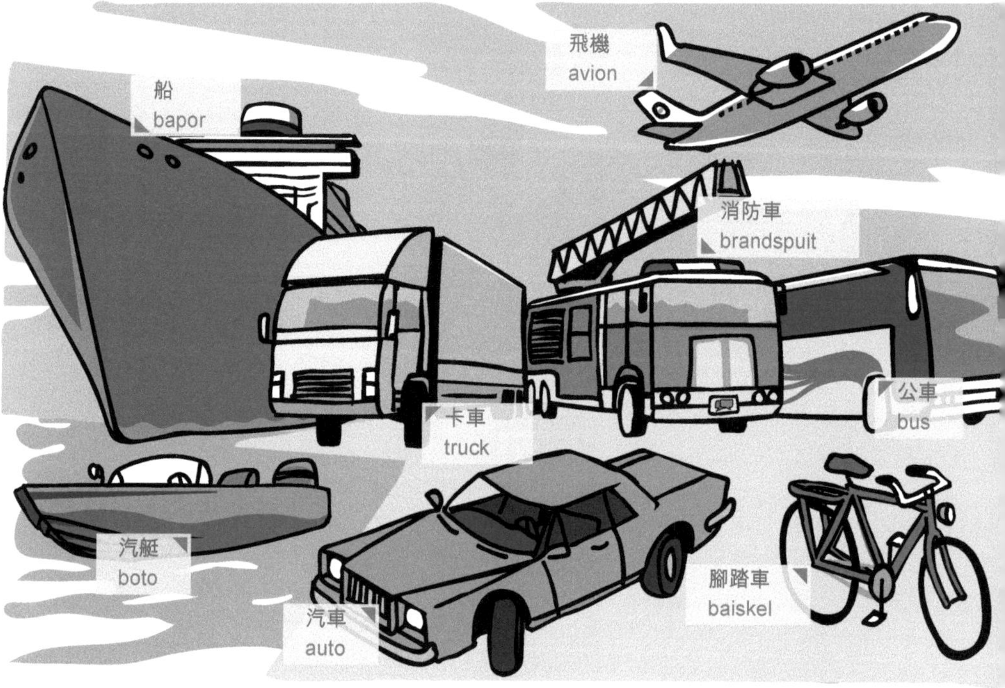
飛機
avion
船
bapor
消防車
brandspuit
卡車
truck
公車
bus
汽艇
boto
腳踏車
baiskel
汽車
auto

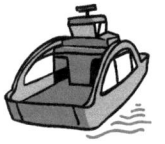

渡輪

ferry

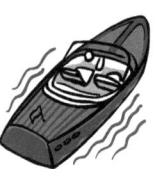

小船

boto

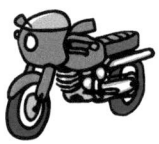

機車

brommer

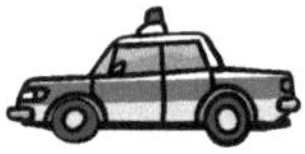

警車

auto di polis

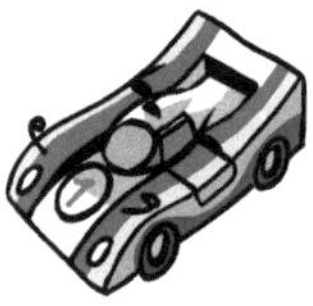

賽車

auto di careda

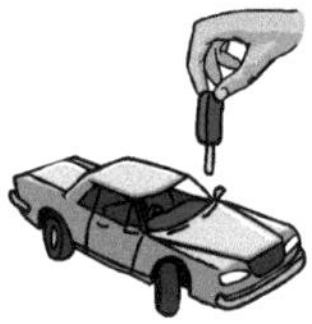

租車

auto di huur

拼車
car sharing

拖車
takelwagen

垃圾車
dump truck

馬達
motor

汽油
gasolin

加油站
pomp di gasolin

交通標識
borchi di trafico

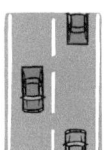

交通
trafico

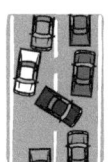

交通堵塞
fila

停車場
parkeerplaats

火車站
stacion di trein

軌道
riel

火車
trein

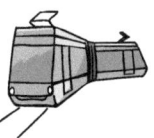

路面電車
tram

客車廂
wagon

直升機

helicopter

機場

aeropuerto

塔

toren

乘客

pasahero

集裝箱

container

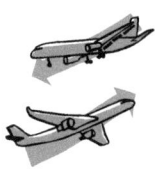

紙板箱

caha di carton

手推車

garoshi

籃子

macutu

起飛/降落

lanta / baha

城市

ciudad

村莊

pueblo

市中心

centro di ciudad

房子

cas

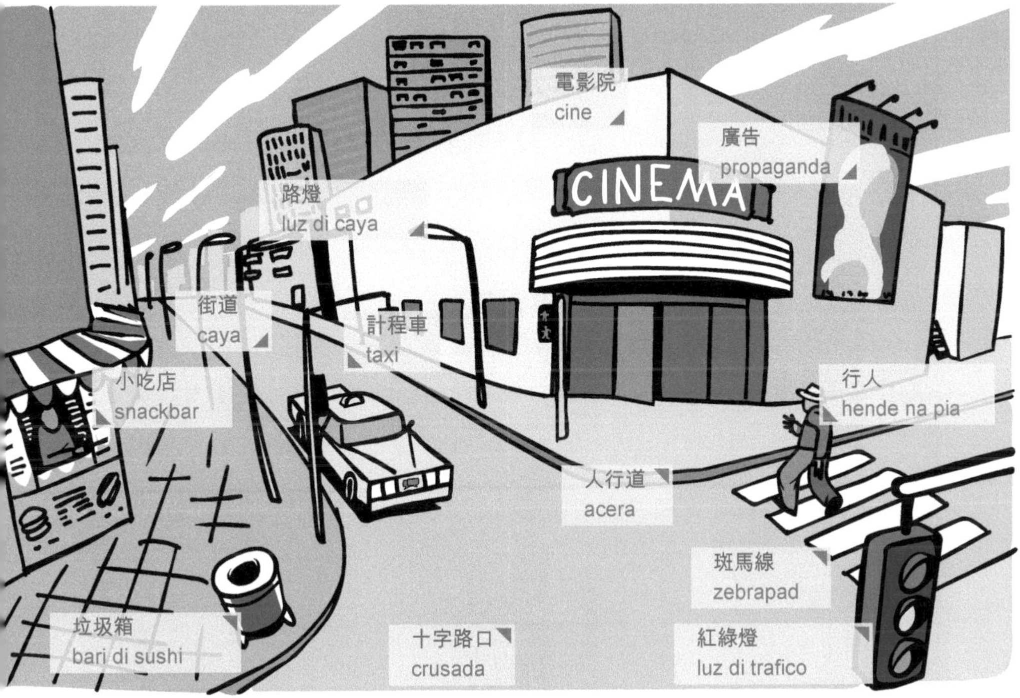

電影院
cine
廣告
propaganda
CINEMA
路燈
luz di caya
街道
caya
計程車
taxi
小吃店
snackbar
行人
hende na pia
人行道
acera
斑馬線
zebrapad
垃圾箱
bari di sushi
十字路口
crusada
紅綠燈
luz di trafico

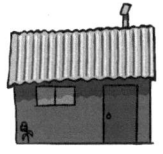

小屋

hut

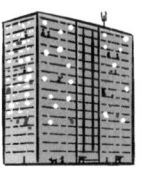

公寓

flat

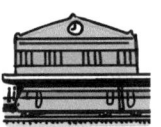

火車站

stacion di trein

市政廳

stadhuis

MUSEUM

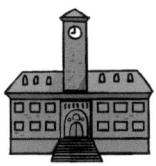

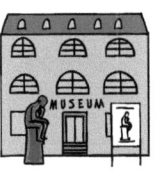

博物館

museo

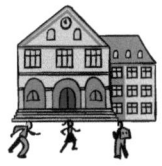

學校

scol

大學
universidad

銀行
banco

醫院
hospital

飯店
hotel

藥房
botica

辦公室
oficina

書店
boekhandel

商店
tienda

花店
floresteria

超市
supermarket

市場
mercado

百貨商店
department store

魚店
bendedo di pisca

購物中心
shopping center

海港
haf

城市 - ciudad

公園

park

長凳

banki

橋

brug

樓梯

trapi

捷運

metro

隧道

tunnel

公車站

parada di bus

酒吧

bar

餐館

restaurant

郵筒

postbox

路標

borchi di nomber di caya

停車計時器

parkeermeter

動物園

parke di bestia

游泳池

piscina

清真寺

moskee

農場

cunucu

污染

polucion

基地

santana

教堂

misa

操場

speelplaats

寺廟

tempel

地形

paisahe

樹葉
blachi

指示牌
borchi di direccion

路
caminda

草地
sabana

石頭
piedra

樹
palo

徒步旅行者
keirodo

河
riu

草
yerba

花
flor

峽谷
vallei

丘陵
sero

湖
lago

森林
mondi

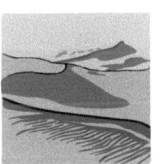

沙漠
desierto

火山
volcan

城堡
kasteel

彩虹
arco iris

蘑菇
paddenstoel

棕櫚樹
palma

蚊子
sangura

蒼蠅
musca

螞蟻
vruminga

蜜蜂
bij

蜘蛛
haraña

甲蟲

tor

青蛙

dori

松鼠

eekhoorn

刺蝟

porcospina

野兔

coneu

貓頭鷹

shoco

鳥

parha

天鵝

zwaan

野豬

porco di mondi

鹿

bina

麋鹿

eland

水壩

dam

風力發電機

molina di biento

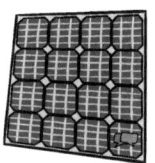

太陽能電池板

panel solar

氣候

clima

餐館
restaurant

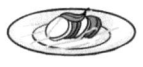

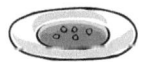

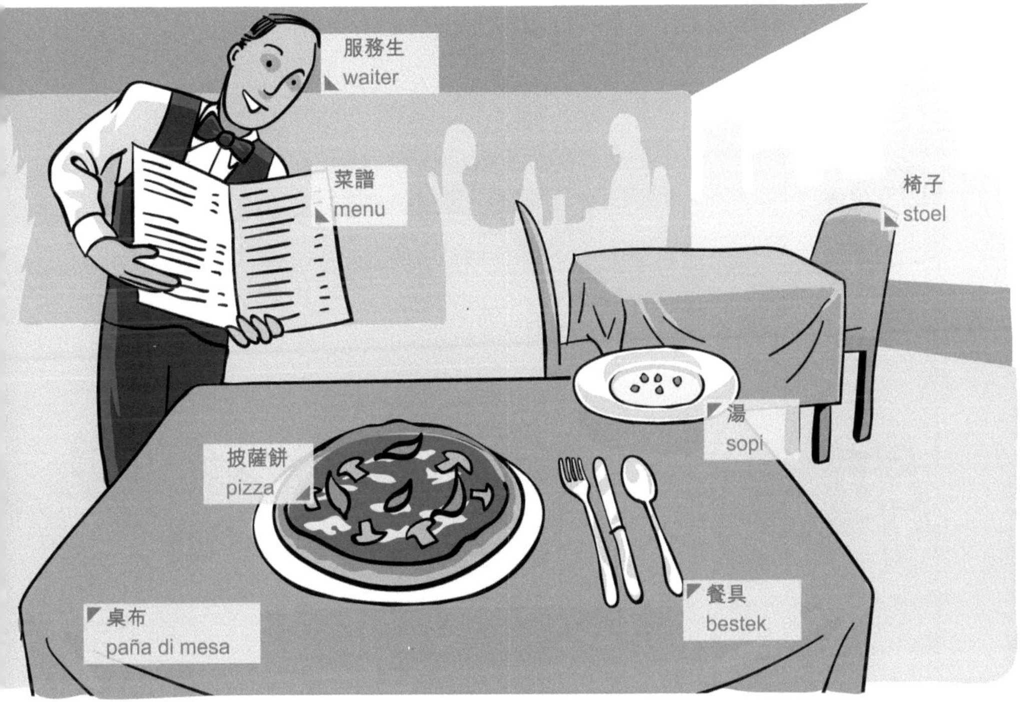

服務生
waiter
菜譜
menu
椅子
stoel
湯
sopi
披薩餅
pizza
餐具
bestek
桌布
paña di mesa

前菜

aperitivo

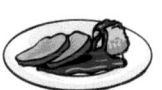

主菜

cuminda principal

甜點

dessert

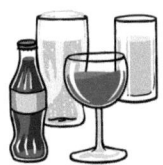

飲料

bebida

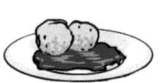

食物

cuminda

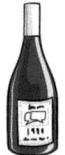

瓶子

boter

速食

fastfood

街邊小吃

streetfood

茶壺

canica di te

糖盒

pochi di sucu

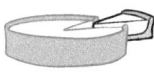

一份飯菜

porcion

義式咖啡機

espressomachine

高腳椅

stoel di mucha

帳單

cuenta

托盤

hasechi

刀

cuchiu

餐叉

forki

勺子

cuchara

茶匙

telep

餐巾

napkin

玻璃杯

glas

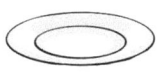

碟子

tayo

湯盤

tayo di sopi

碟子

scoter

醬

saus

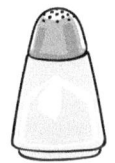

鹽瓶

pochi di salo

胡椒研磨罐

mulina di peper

醋

binager

食用油

azeta

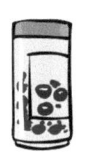

調味料

specerij

番茄醬

ketchup

芥末

mosterd

美乃滋

mayonaise

超市

supermarket

特價
oferta special
FOR
顧客
cliente
乳製品
producto lacteo
水果
fruta
購物車
garoshi di compra

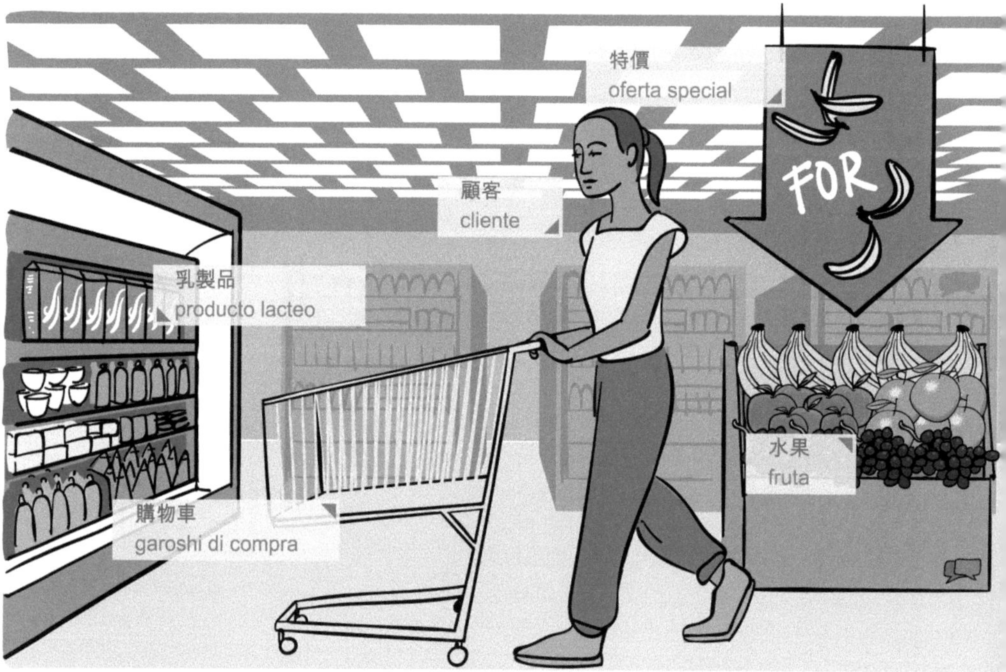

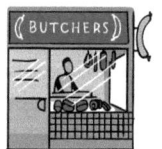

BUTCHERS

肉鋪

carniceria

BAKERY

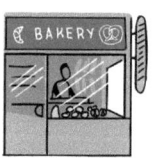

麵包店

panaderia

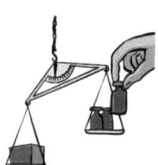

稱重

pisa

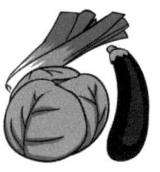

蔬菜

berdura

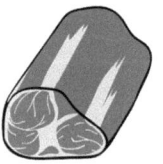

肉

carni

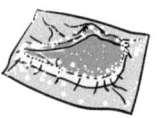

冷凍食品

frozen food

冷盤
beleg di carni

罐頭食品
cuminda di bleki

洗衣粉
detergente na puiro

甜食
mangel

日用品
producto pa cas

清潔用品
articulo di limpiesa

銷售員
bendedo

收銀機
cahero

收銀員
cahero

購物清單
lista di compra

開放時間
orario

錢包
cartera

信用卡
credit card

袋子
tas

塑膠袋
saco di plastic

水

awa

果汁

juice

牛奶

lechi

可樂

cola

紅酒

biňa

啤酒

cerbes

酒

alcohol

可可

chocomel

茶

te

咖啡

koffie

義式濃縮咖啡

espresso

卡布奇諾

cappuccino

香蕉

bacoba

蘋果

appel

柳丁

apelsina

西瓜

milon

檸檬

lamunchi

胡蘿蔔

wortel

大蒜

conoflok

竹子

bambu

洋蔥

siboyo

蘑菇

mushroom

堅果

noot

麵條

pasta

義大利麵

spaghetti

米飯

aros

沙拉

salada

薯條

batata hasa

炸馬鈴薯

batata hasa

披薩餅

pizza

漢堡

hamburger

三明治

sandwich

炸豬排

cutlet

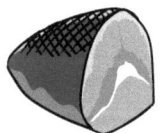

火腿

ham

義大利臘腸

salami

香腸

soseishi

雞肉

galiña

烤肉

hasa

魚

pisca

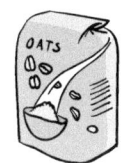

燕麥片

papa

木斯里

müsli

玉米片

cornflakes

麵粉

hariña

牛角麵包

croissant

麵包捲

pan rondo

麵包

pan

吐司

toast

餅乾

cuki

奶油

manteca

凝乳

kwark

蛋糕

bolo

蛋

webo

煎蛋

webo hasa

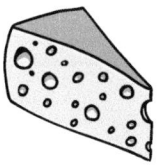

起司

keshi

冰淇淋
ijscream

糖
sucu

蜂蜜
honing

果醬
jam

巧克力醬
pasta di chuculati

咖哩
curry

農場

cunucu

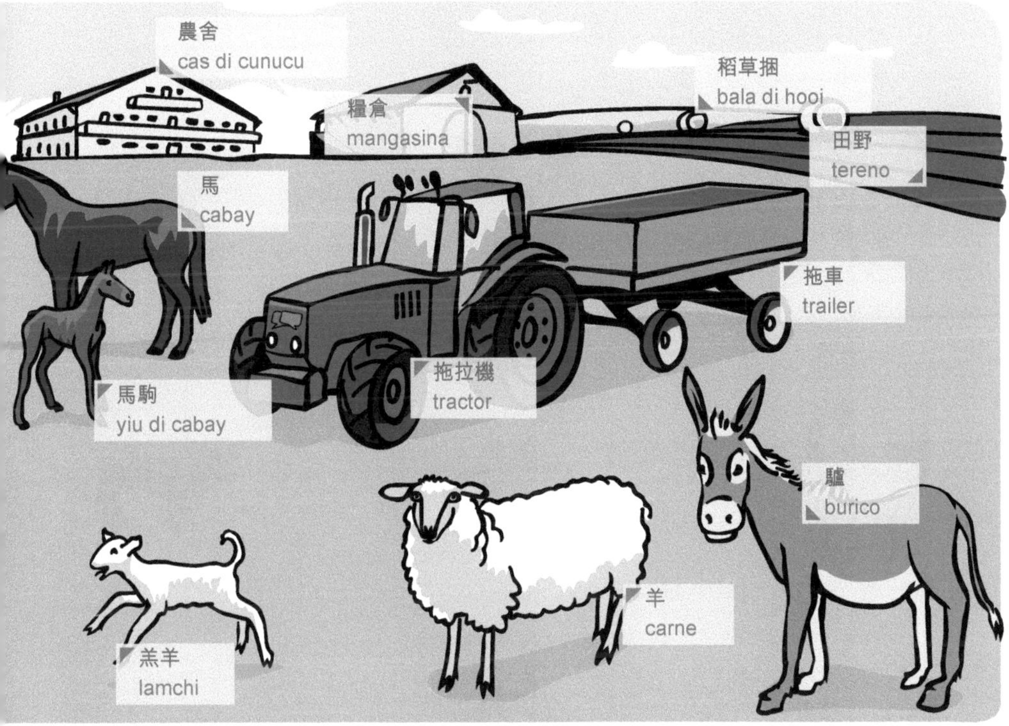
農舍
cas di cunucu
糧倉
mangasina
稻草捆
bala di hooi
田野
tereno
馬
cabay
拖車
trailer
馬駒
yiu di cabay
拖拉機
tractor
驢
burico
羊
carne
羔羊
lamchi

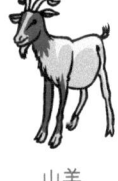

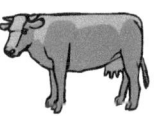

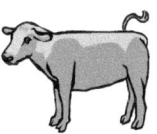

山羊

cabrito

奶牛

baca

小牛

bishe

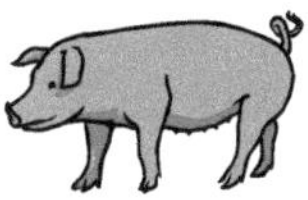

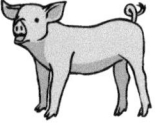

豬

porco

小豬

yiu di porco

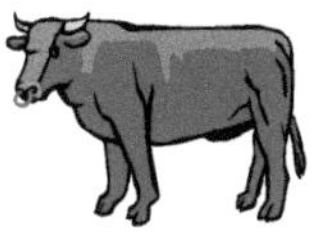

公牛

toro

鵝
gans

鴨
pato

小雞
puyito

母雞
galiña

公雞
gay

鼠
djaca

貓
pushi

老鼠
raton

牛
toro

狗
cacho

狗屋
cas di cacho

花園澆水軟管
slang pa muha mata

澆水壺
gieter

長柄大鐮刀
herment pa corta yerbe

犁
ploeg

鐮刀

garabati

鋤頭

chapi

長柄草耙

forki pa coy hooi

斧頭

hacha

獨輪手推車

garetia

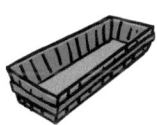

飼料槽

pesebre

牛奶罐

canica di lechi

麻布袋

saco

柵欄

heki

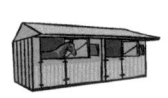

馬廄

stal

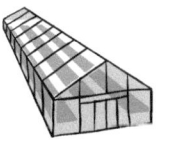

溫室

greenhouse

土壤

suela

種子

simia

肥料

mest

聯合收割機

mashin di cosecha

收割

cosecha

收割

cosecha

地瓜

yams

小麥

trigo

大豆

soya

土豆

batata

玉米

maishi

油菜籽

canola

果樹

palo di fruta

樹薯

yuca

穀物

grano

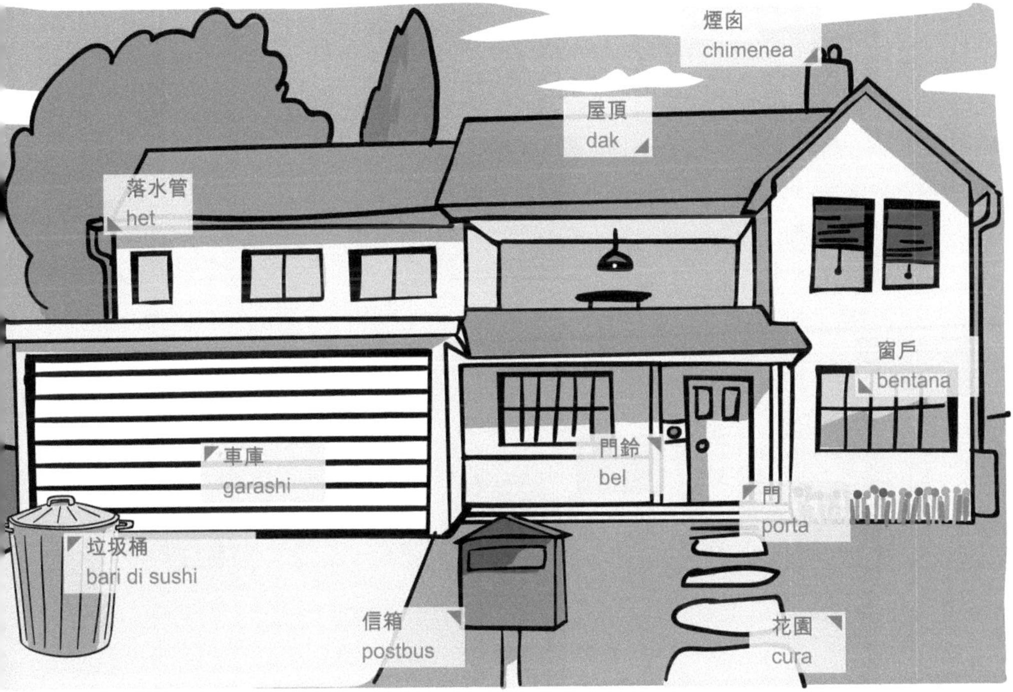

煙囪
chimenea

屋頂
dak

落水管
het

窗戶
bentana

車庫
garashi

門鈴
bel

門
porta

垃圾桶
bari di sushi

信箱
postbus

花園
cura

客廳

sala

浴室

baño

廚房

cushina

臥室

camber

兒童房

camber di mucha

餐廳

comedo

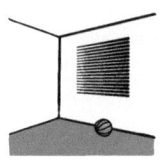

地板

suela

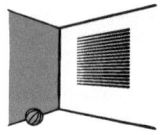

牆壁

muraya

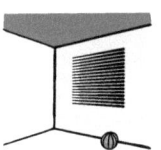

天花板

blafon

地窖

bodega

三溫暖

sauna

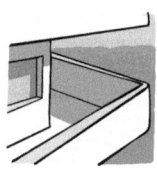

陽臺

balcon

露臺

terasa

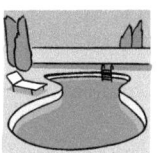

游泳池

piscina

割草機

mashin di corta yerba

被單

laken

床罩

bedsprei

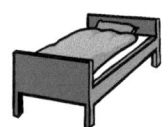

床

cama

掃帚

basora

水桶

hemchi

開關

switch

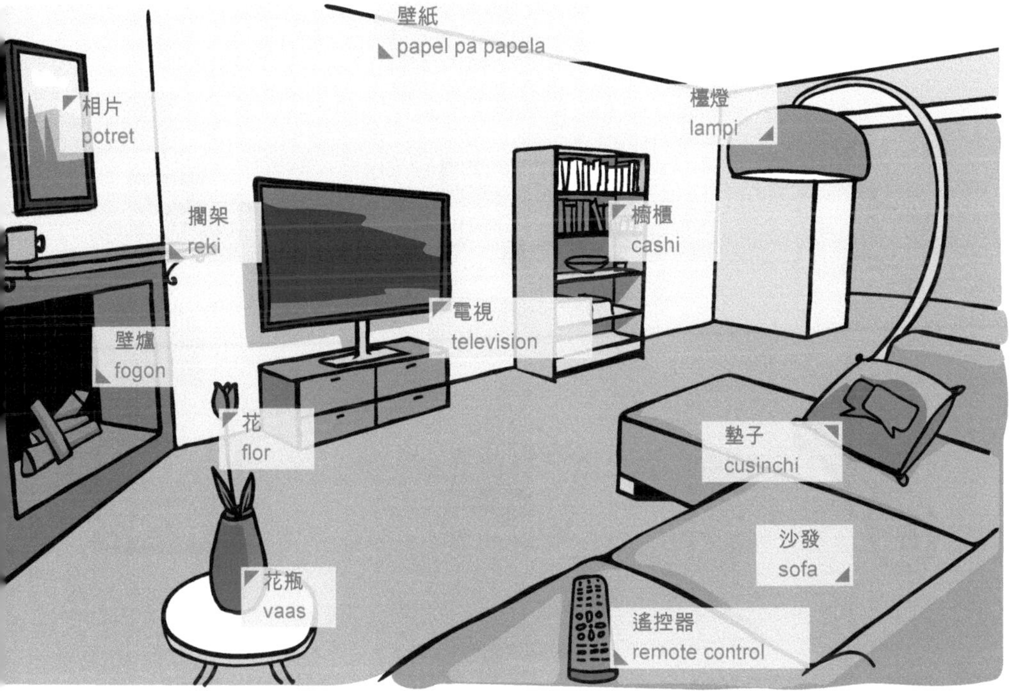

壁紙
papel pa papela

相片
potret

檯燈
lampi

擱架
reki

櫥櫃
cashi

壁爐
fogon

電視
television

花
flor

墊子
cusinchi

花瓶
vaas

沙發
sofa

遙控器
remote control

地毯
tapijt

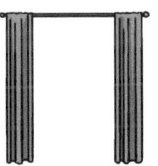

窗簾
cortina

餐桌
mesa

椅子
stoel

搖椅
stoel di zoya

扶手椅
stoel

書
buki

毯子
dekel

裝飾品
decoracion

木柴
palo pa kima

電影
film

高傳真音響
stereoset

鑰匙
yabi

報紙
corant

油畫
cuadra

海報
poster

收音機
radio

筆記本
blocnote

吸塵器
stofzuiger

仙人掌
cadushi

蠟燭
bela

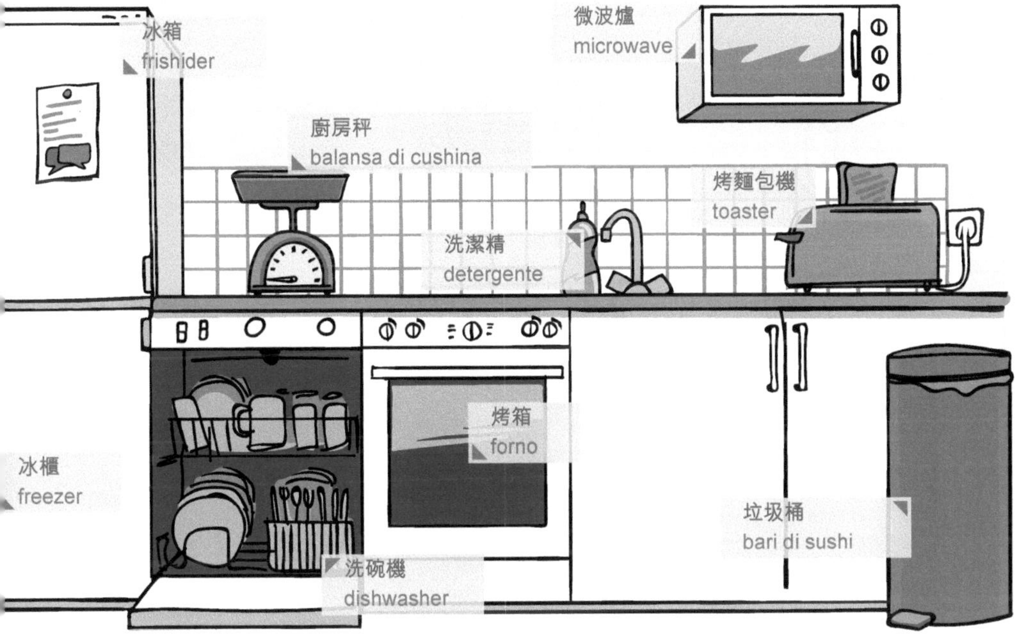

冰箱
frishider

微波爐
microwave

廚房秤
balansa di cushina

烤麵包機
toaster

洗潔精
detergente

烤箱
forno

冰櫃
freezer

垃圾桶
bari di sushi

洗碗機
dishwasher

炊具

stoof

鍋

wea

鑄鐵鍋

wea di hero

炒鍋

wok

平底鍋

planchi

水壺

ketel

蒸鍋

steamer

烤盤

teblachi pa horna

陶瓷鍋

servies

馬克杯

beker

碗

conchi

筷子

chopstick

長柄勺

cuchara di sopi

鏟子

spatula

攪拌器

garde

濾網

scurido

篩子

colado

磨碎機

raspa

研缽

fenso

燒烤

barbecue

明火

candela

菜板
planki pa corta

擀麵杖
rostok

開瓶器
kurkentrek

罐子
bleki

開罐器
cos di habri bleki

隔熱手套
pannenlap

水槽
wasbak

刷子
skeiro

海綿
spons

攪拌機
blender

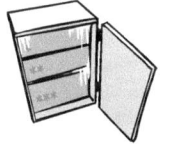

冷藏箱
freezer

奶瓶
tetero

水龍頭
cranchi

浴室

baño

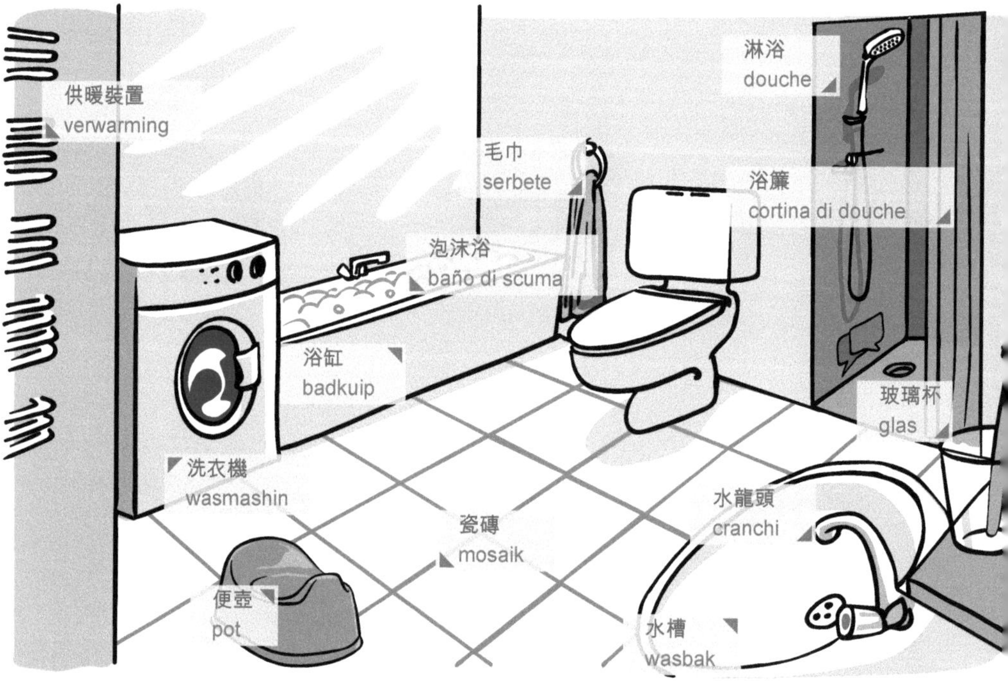

淋浴
douche
供暖裝置
verwarming
毛巾
serbete
浴簾
cortina di douche
泡沫浴
baño di scuma
浴缸
badkuip
玻璃杯
glas
洗衣機
wasmashin
水龍頭
cranchi
瓷磚
mosaik
便壺
pot
水槽
wasbak

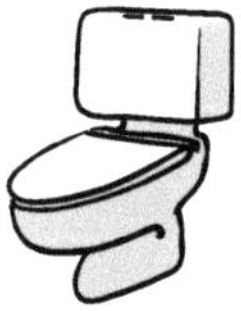

廁所

tualet

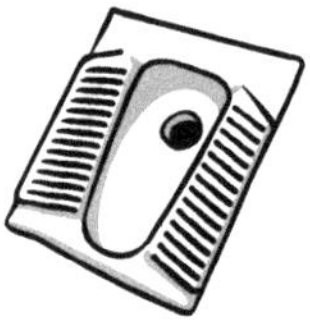

蹲便器

hurktoilet

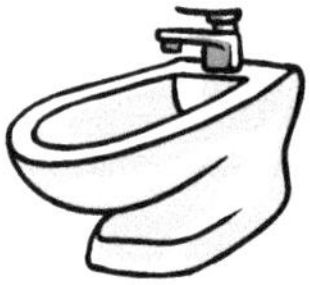

坐浴器

bidet

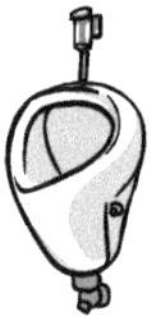

小便斗

urinal

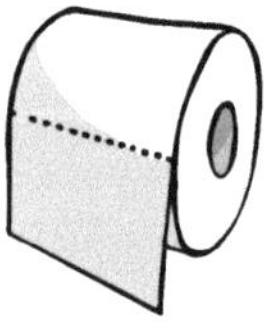

廁紙

papel di w.c.

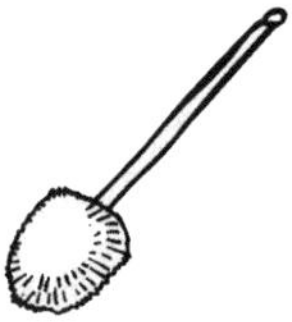

馬桶刷

skeiro di w.c.

牙刷

skeiro di djente

牙膏

pasta di djente

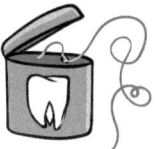

牙線

dental floss

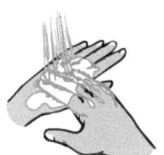

洗

laba

手持式蓮蓬頭

douche di man

沖洗器

bidet

洗臉盆

tobo

洗背刷

skeiro

肥皂

habon

沐浴露

shower gel

洗髮乳

shampoo

法蘭絨

washandje

排水

drain

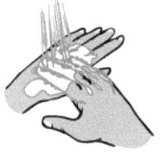

乳霜

crema

除臭劑

desodorante

鏡子

spiel

手鏡

spiel di man

刮鬚刀

blet

刮鬚泡沫

shaving foam

鬚後水

aftershave

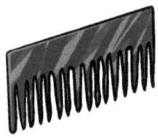

梳子

peña

刷子

skeiro

吹風機

blower

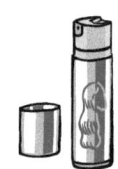

噴髮定型劑

spray pa cabey

化妝品

makeup

唇膏

lipstick

指甲油

cos di pinta huña

化妝棉

catuna

指甲剪

sker pa corta huña

香水

perfume

洗漱包
tas

凳子
kruk

計重秤
balansa

浴袍
bata

橡膠手套
handschoen

衛生棉條
tampon

衛生棉
kotex

化學廁所
wc kimico

兒童房

camber di mucha

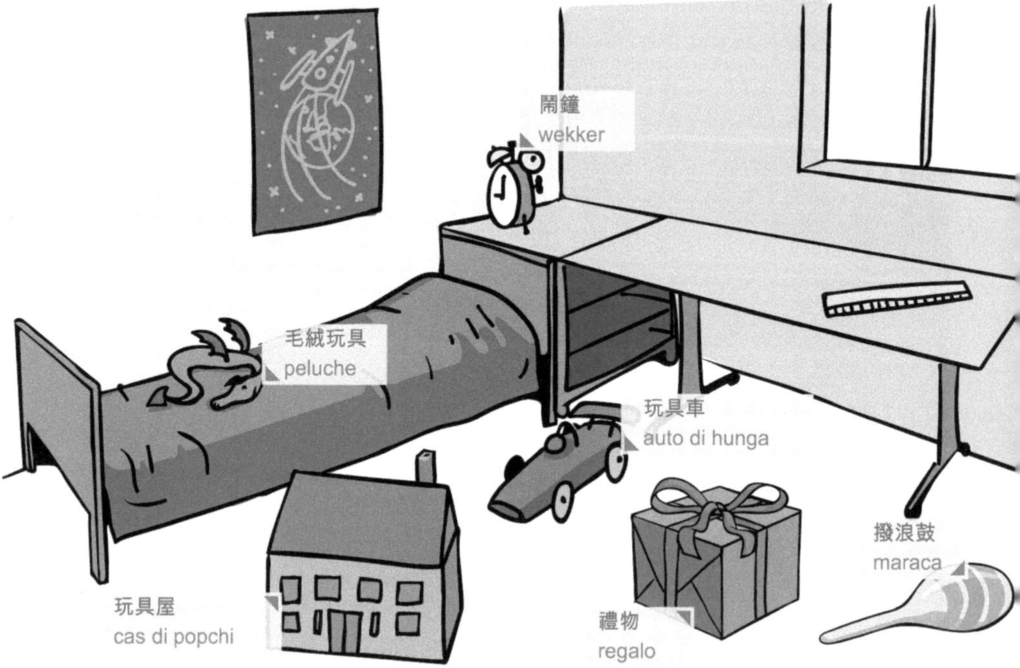

鬧鐘
wekker
毛絨玩具
peluche
玩具車
auto di hunga
撥浪鼓
maraca
玩具屋
cas di popchi
禮物
regalo

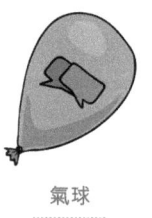

氣球

blaas

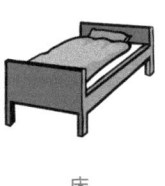

床

cama

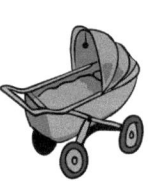

嬰兒車

stroller

撲克牌

baraha di carta

拼圖

puzzel

SUPER
MEGA

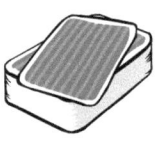

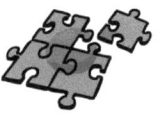

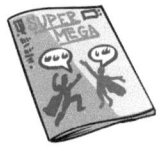

漫畫

comic

樂高積木
lego

積木玩具
bloki di hunga

公仔
figura di accion

嬰兒服
romper

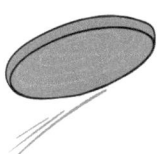

飛盤
frisbee

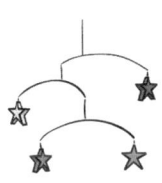

床鈴玩具
mobil

棋盤遊戲
wega di mesa

骰子
dou

火車模型
set di trein

安撫奶嘴
chupon

派對
fiesta

繪本
buki di prenchi

球
bala

洋娃娃
popchi

玩
hunga

沙坑
zandbak

鞦韆
zoya

玩具
cos di hunga

電玩遊戲
videogame

三輪車
tricycle

泰迪熊
beer

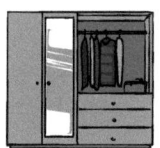

衣櫃
cashi di paña

衣服
paña

襪子
mea

長襪
mea

緊身褲
pantyhose

圍巾
sjaal

雨傘
paraplu

T恤
T-shirt

皮帶
faha

靴子
boots

拖鞋
slof

運動鞋
keds

涼鞋
sandalia

鞋
sapato

雨靴
laars di rubber

內褲
carsonsio

胸罩
bh

背心
flanel

衣服 - paña   45

身體
body

褲子
carson

牛仔褲
jeans

短裙
saya

女式襯衫
blusa

襯衫
camisa

套頭衫
sweater

連帽上衣
sweater

西裝夾克
blazer

夾克
jacket

外套
jas

雨衣
regenjas

套裝
flus

連衣裙
shimis

婚紗
shimis di bruid

西裝
flus

睡袍
yapon

睡衣
pidjama

莎麗
sari

頭巾
lenso di cabes

包頭巾
turban

波卡
burqa

卡夫坦
kaftan

(阿拉伯式)長袍
abaya

泳衣
zwempak

男式泳褲
zwembroek

短褲
carson cortico

運動服
trainingspak

圍裙
lantera

手套
handschoen

衣服 - paña

鈕扣

boton

眼鏡

bril

手鏈

armband

項鍊

cadena

戒指

renchi

耳環

renchi di horea

便帽

pechi

衣架

kapstok

帽子

sombre

領帶

dashi

拉鍊

ziper

安全帽

helm

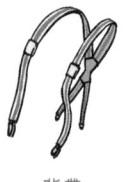

背帶

guiel

校服

uniform di scol

制服

uniform

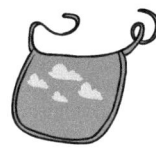

圍兜

babado

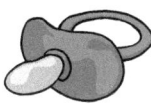

安撫奶嘴

chupon

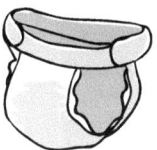

尿布

bruki

辦公室

oficina

伺服器
server
檔案櫃
filekast
紙
papel
印表機
printer
螢幕
pantaya
滑鼠
mouse
辦公桌
lessenaar
資料夾
map
鍵盤
keyboard
椅子
stoel
廢紙簍
bari di sushi
電腦
computer

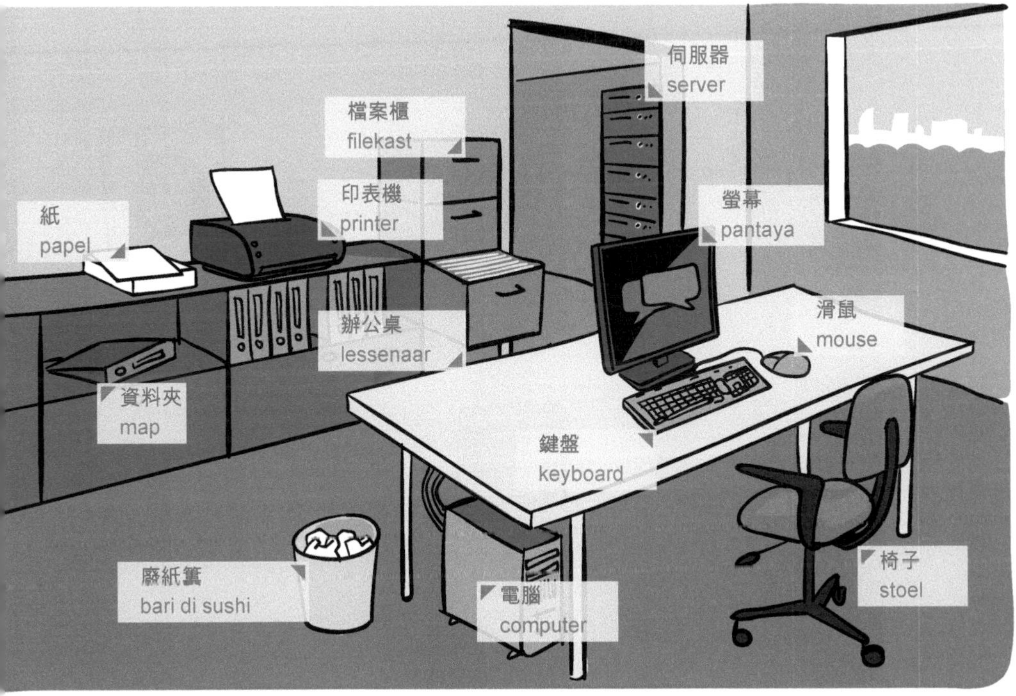

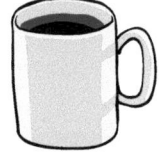

咖啡杯

copi pa bebe koffie

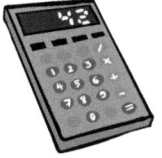

計算機

calculator

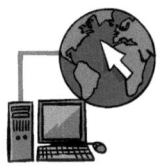

網際網路

internet

筆記型電腦
laptop

信件
carta

簡訊
mensahe

行動電話
celular

網路
red

影印機
mashin di copia

軟體
software

電話
telefon

插座
stopcontact

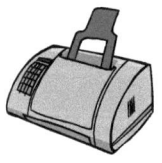

傳真機
fax mashin

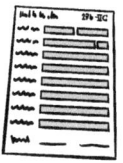

表格
formulario

檔案
documento

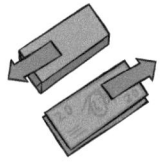

買
cumpra

付錢
paga

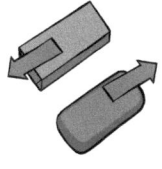

交易
negosha

現金
placa

美元
dollar

歐元
euro

日元
yen

盧布
roebel

瑞士法郎
frank suiso

人民幣
yuan renminbi

盧比
roepi

提款處
bancomatico

外幣兌換處

oficina di cambio

金

oro

銀

plata

石油

azeta

能源

energia

價格

prijs

合約

contract

稅金

impuesto

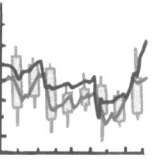

股票

share

工作

traha

職員

empleado

老闆

dunado di trabou

工廠

fabrica

商店

tienda

經濟 - economia

ofishi / profesion

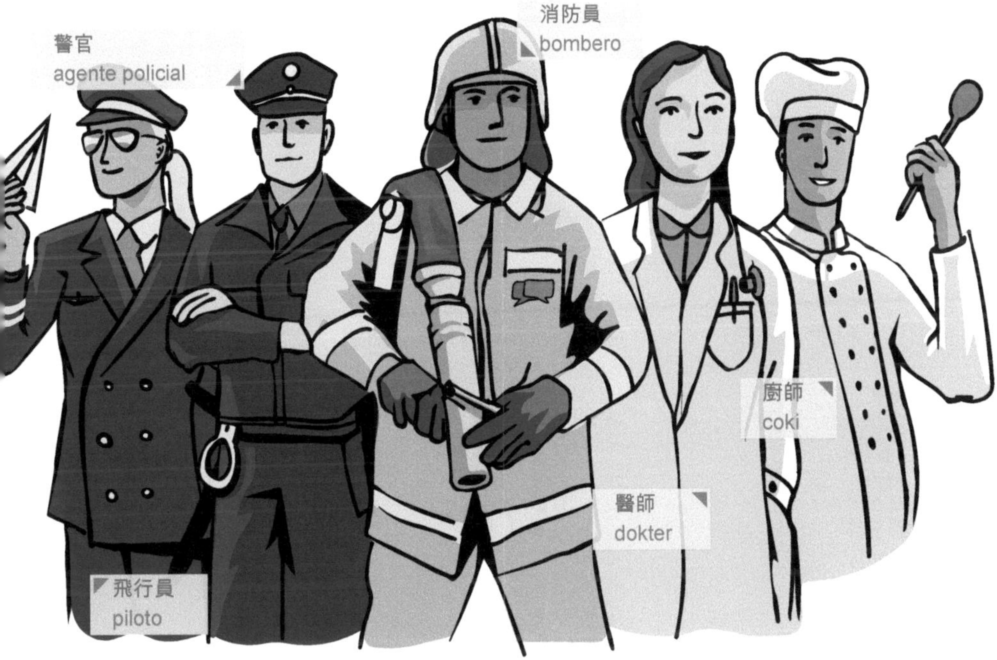
警官
agente policial
消防員
bombero
廚師
coki
醫師
dokter
飛行員
piloto

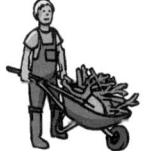

園丁

hardinero

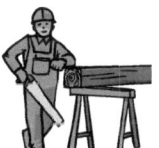

木匠

carpinte

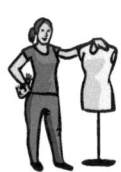

裁縫

cosedo

法官

hues

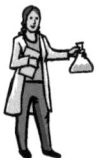

化學家

kimico

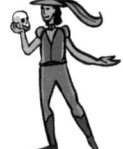

演員

actor

公車司機

chauffeur di bus

計程車司機

chauffeur di taxi

漁夫

piscado

清洗女工

hende cu ta haci cas limpi

屋頂工

drechado di dak

服務生

waiter

獵人

jaagdo

畫家

verfdo

麵包師

panadero

電工

electricista

建築工人

trahado den construccion

工程師

ingeniero

屠夫

carnicero

水管工

loodgieter

郵差

partido di carta

士兵
solda

建築師
arkitecto

收銀員
cahero

花農
florista

理髮師
pelukero / pelukera

售票員
controlado di ticket

機械技師
mecanico

船長
capitan

牙醫
dentista

科學家
cientifico

拉比
rabbi

伊瑪目
imam

和尚
monk

牧師
pastor

工具
herment

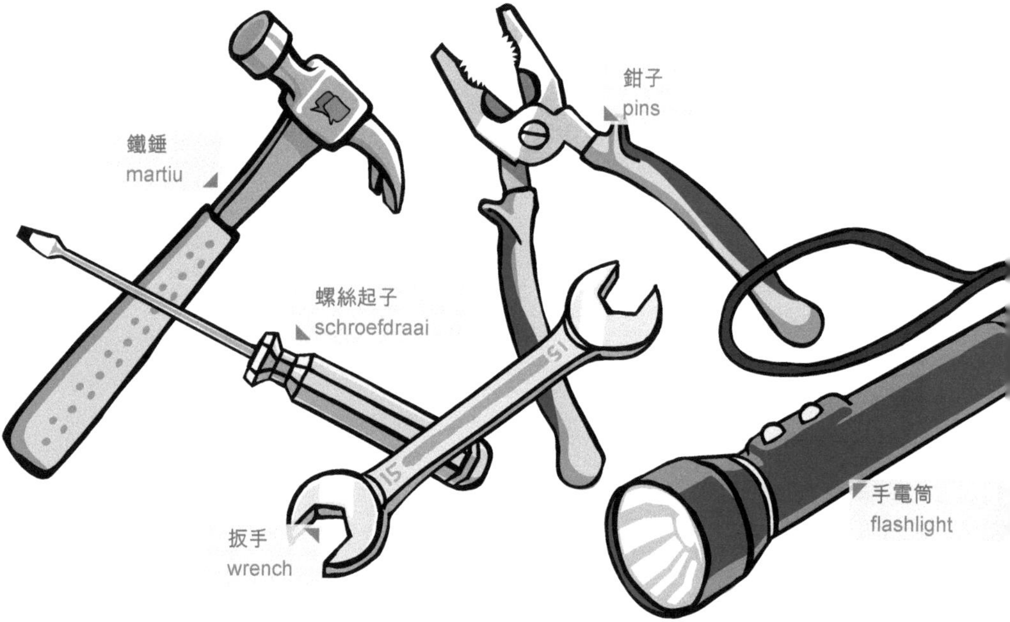
鐵錘
martiu
鉗子
pins
螺絲起子
schroefdraai
扳手
wrench
手電筒
flashlight

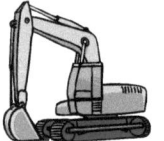

挖掘機
bulldozer

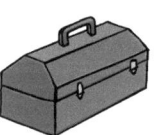

工具箱
caha di herment

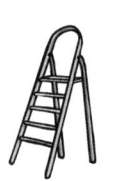

梯子
trapi

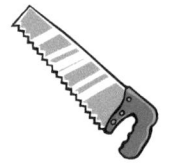

鋸子
zaag

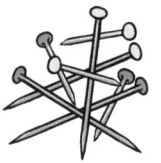

釘子
clabo

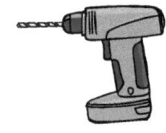

鑽機
boormashin

修
drecha

鏟子
shobel

糟糕！
caraho!

畚箕
scop

油漆桶
bleki di verf

螺絲
schroef

樂器
instrumento musical

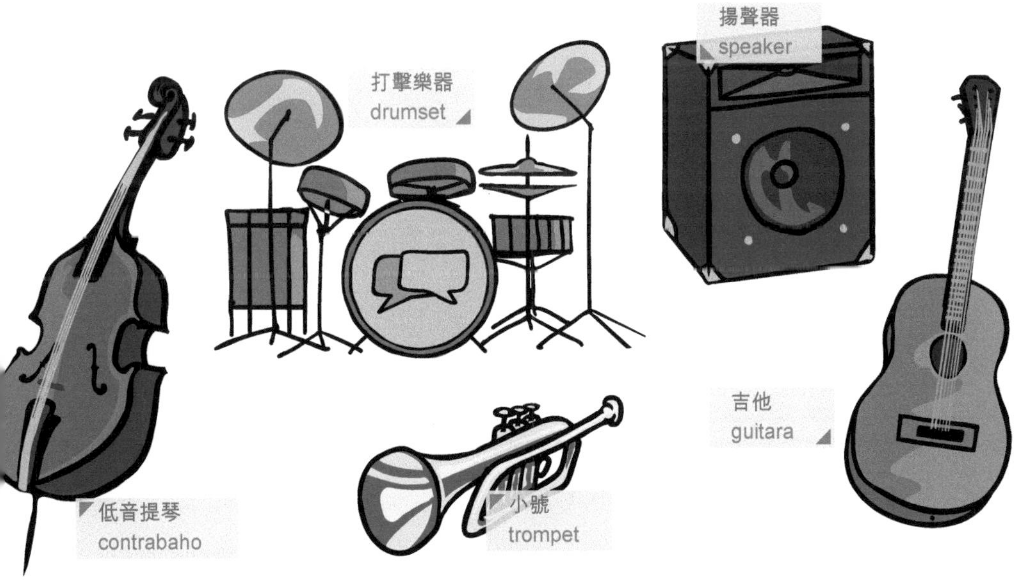

打擊樂器
drumset

揚聲器
speaker

吉他
guitara

低音提琴
contrabaho

小號
trompet

鋼琴

piano

小提琴

fio

貝斯

baho

定音鼓

timbal

鼓

tambu

電子琴

keyboard

薩克斯風

saxofon

長笛

fluit

麥克風

microfon

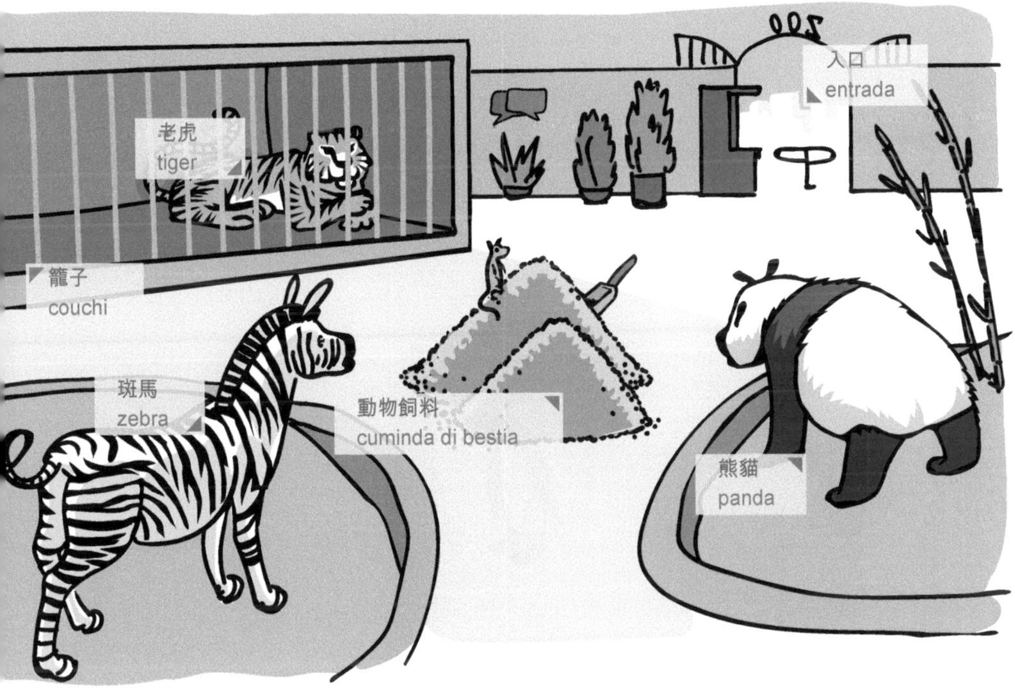
zoo
入口
entrada
老虎
tiger
籠子
couchi
斑馬
zebra
動物飼料
cuminda di bestia
熊貓
panda

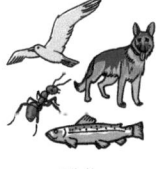

動物
animal

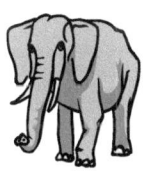

大象
olifante

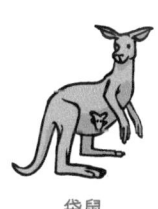

袋鼠
cangaru

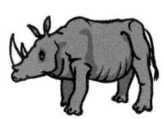

犀牛
neushoorn

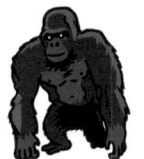

大猩猩
gorila

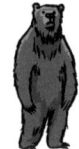

熊
beer

駱駝

camel

鴕鳥

avestruz

獅子

leon

猴子

macaco

紅鶴

flamingo

鸚鵡

lora

北極熊

beer polar

企鵝

pinguin

鯊魚

tribon

孔雀

pauwies

蛇

colebra

鱷魚

caiman

動物園管理員

cuidado di bestia

海豹

cacho di awa

美洲豹

jaguar

矮種馬
pony

豹
leopardo

河馬
hipopotamo

長頸鹿
giraf

老鷹
aguila

野豬
porco di mondi

魚
pisca

龜
turtuga

海象
walrus

狐狸
vos

羚羊
gazelle

橄欖球
futbol Americano

騎腳踏車
ciclismo

網球
tennis

籃球
basketball

游泳
landamento

拳擊
boxeo

冰球
ice hockey

美式足球
futbol

羽毛球
badminton

田徑
atletismo

手球
handbal

滑雪
ski

馬球
polo

活動

actividad

跳
bula
擁抱
brasa
笑
hari
走路
cana
唱
canta
做夢
soña
祈禱
resa
親吻
sunchi

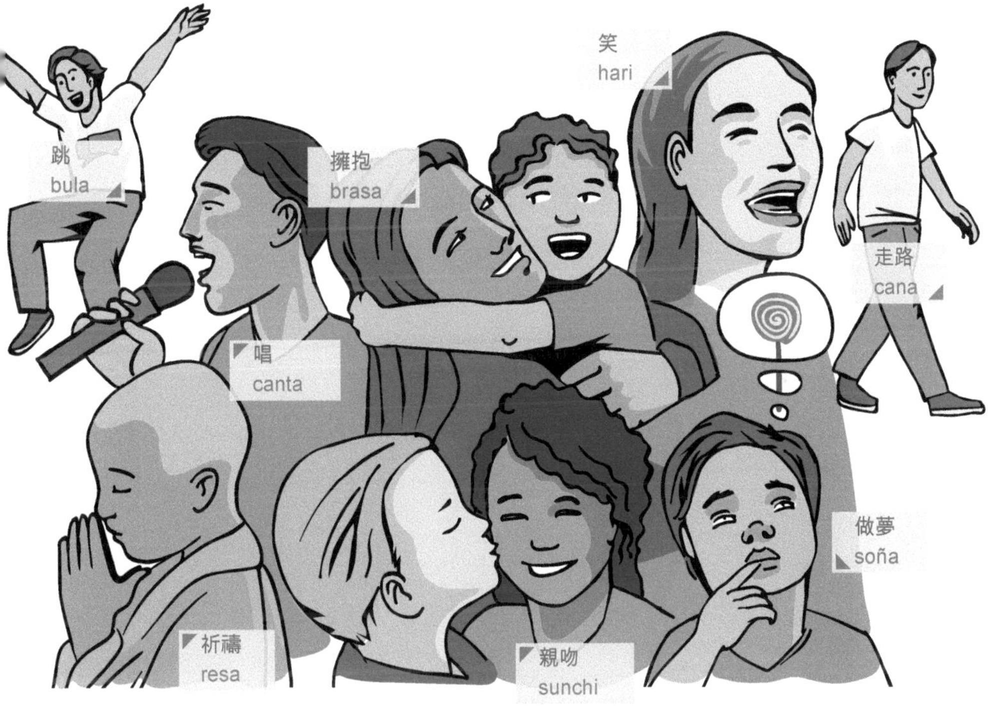

書寫

skirbi

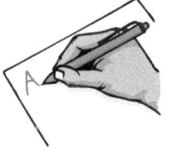

畫

pinta

展示

mustra

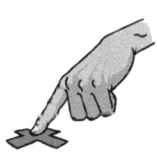

推

primi

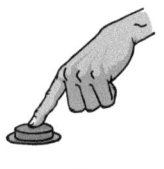

給

duna

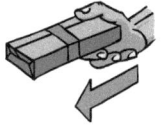

拿

coy

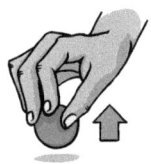

有
tin

做
haci

當
ta

站
para

跑
core

拉
ranca

丟
tira

摔倒
cay

躺
drumi

等待
warda

攜帶
carga

坐
sinta

穿衣
bisti

睡覺
drumi

醒來
lanta fo'i soño

看
mira

哭
yora

擊
caricia

梳頭
peňa

交談
papia

明白
compronde

問
puntra

聽
scucha

喝
bebe

吃
come

清理
ruim op

愛
stima

做飯
cushna

開車
bai

飛
bula

航行

zeilo

計算

conta

讀

lesa

學習

siña

工作

traha

結婚

casa

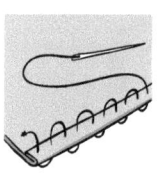

縫

cose

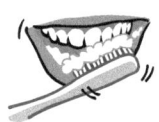

刷牙

skeiro djente

殺

mata

抽菸

huma

寄

manda

家

famia

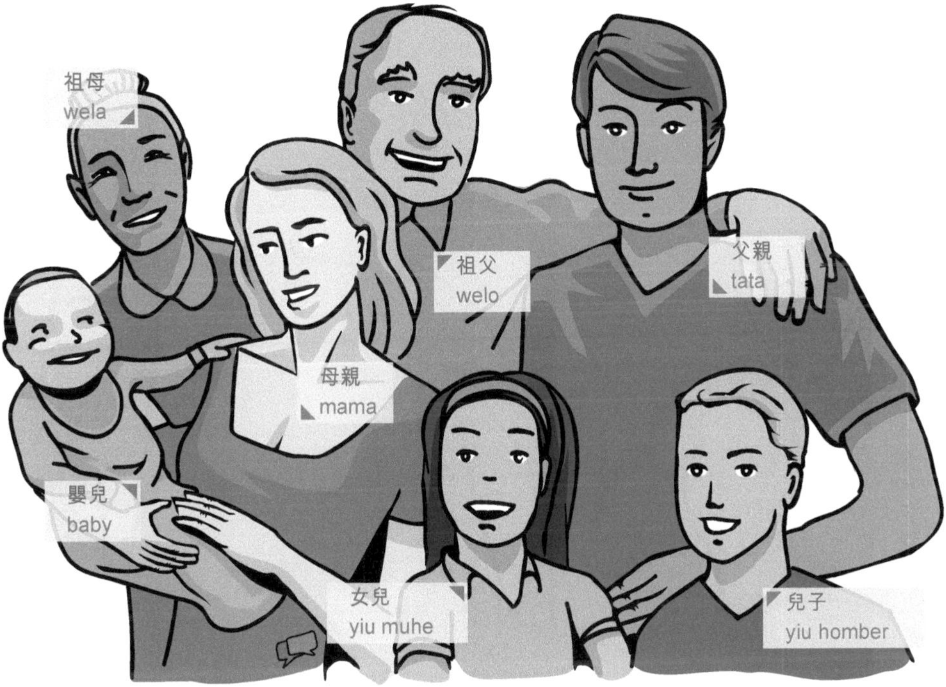

祖母
wela
祖父
welo
父親
tata
母親
mama
嬰兒
baby
女兒
yiu muhe
兒子
yiu homber

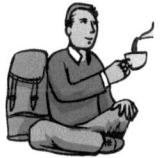

客人

huesped

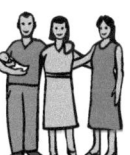

阿姨

tanta

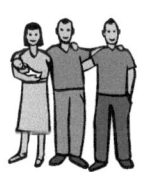

叔叔

omo

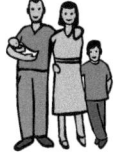

兄弟

ruman homber

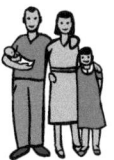

姐妹

ruman muhe

身體

curpa

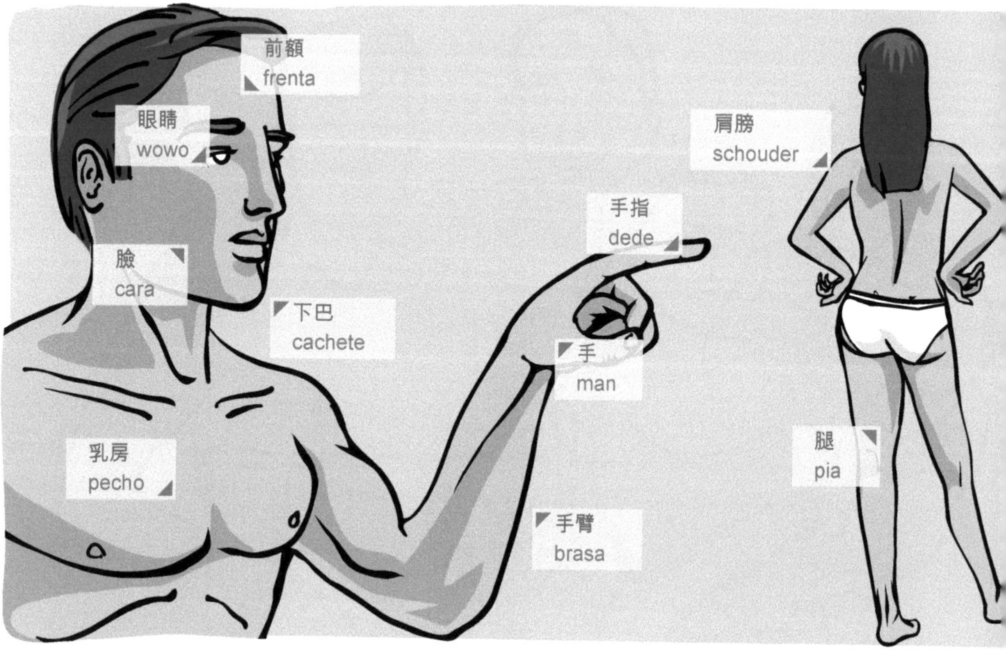

前額
frenta
眼睛
wowo
肩膀
schouder
手指
dede
臉
cara
下巴
cachete
手
man
腿
pia
乳房
pecho
手臂
brasa

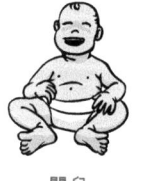

嬰兒

baby

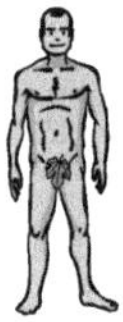

男人

homber

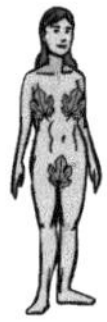

女人

muhe

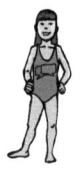

女孩

mucha muhe

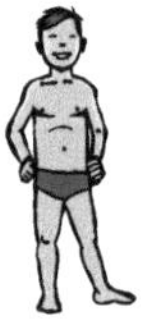

男孩

mucha homber

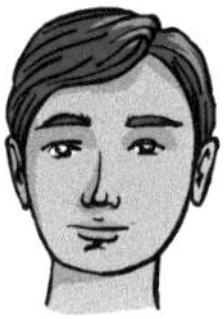

頭

cabes

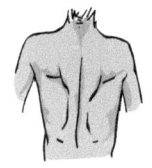	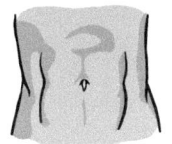	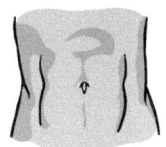
背部 lomba	肚子 bariga	肚臍 lombrishi
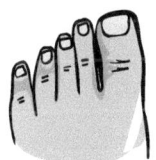		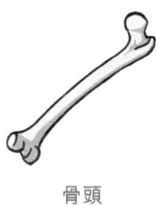
腳趾 dede di pia	腳後跟 hilchi	骨頭 weso
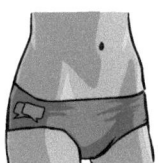		
臀部 heup	膝蓋 rudia	手肘 elleboog
		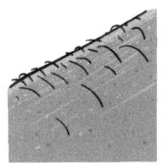
鼻子 nanishi	屁股 chanchan	皮膚 cuero
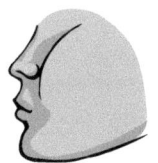	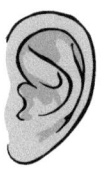	
臉頰 wang	耳朵 horea	嘴唇 lip

嘴
boca

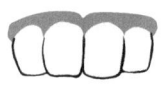

牙齒
djente

舌頭
lenga

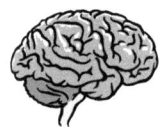

腦
celebro

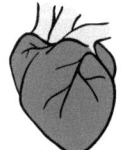

心臟
curason

肌肉
musculo

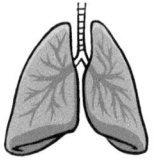

肺
pulmon

肝臟
higra

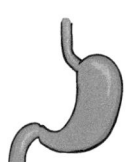

胃
stoma

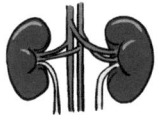

腎臟
nier

性交
sex

保險套
condon

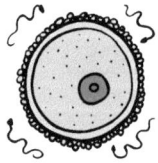

卵子
ovulo

精子
sperma

懷孕
embaraso

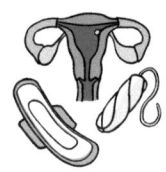

月事

menstruacion

陰道

vagina

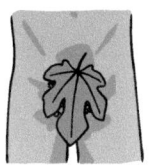

陰莖

penis

眉毛

wenkbrauw

頭髮

cabey

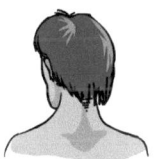

脖子

nek

醫院

hospital

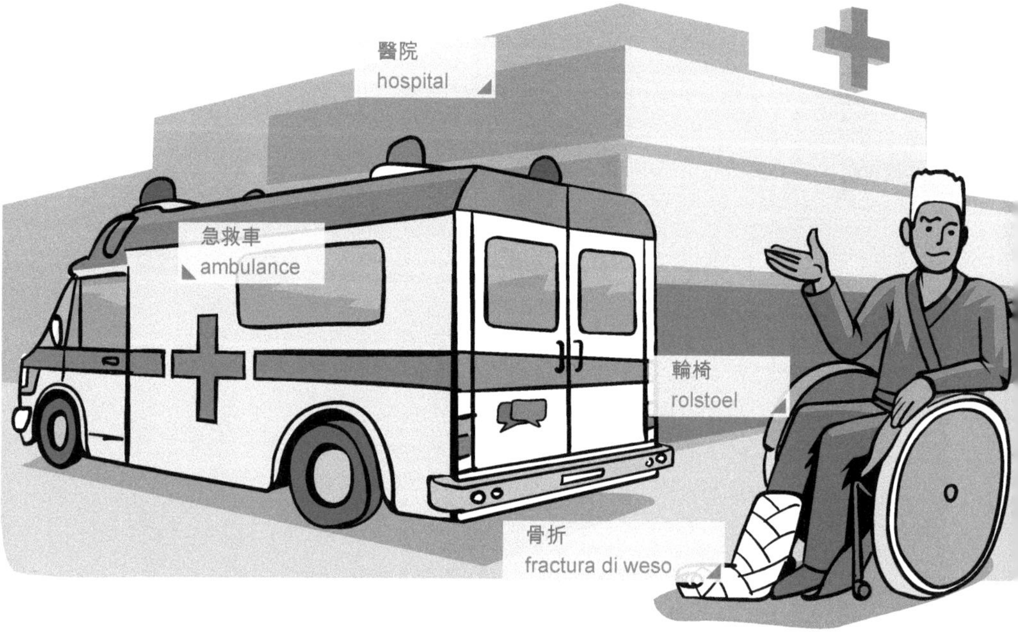

醫院
hospital
急救車
ambulance
輪椅
rolstoel
骨折
fractura di weso

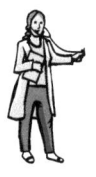

醫師

dokter

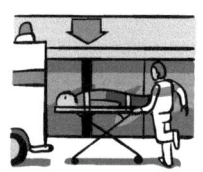

急診室

EHBO (prome asistencia/eerste hulp)

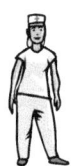

護理師

nurse

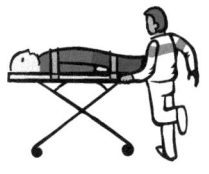

緊急情形

caso di emergencia

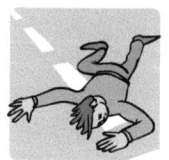

昏迷

fo'i tino

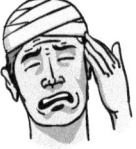

痛

dolor

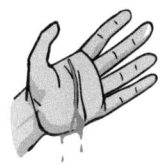

受傷

lesion

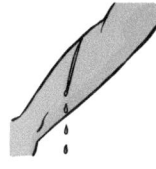

出血

sangramento

心臟病發作

ataca di curason

中風

ataca celebral

過敏

alergia

咳嗽

tosa

發燒

keintura

流感

griep

腹瀉

diarea

頭痛

dolor di cabes

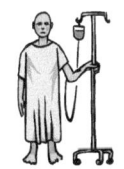

癌症

cancer

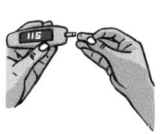

糖尿病

diabetes

外科醫師

ciruhano

手術刀

scalpel

手術

operacion

醫院 - hospital

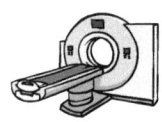

電腦斷層掃描
CT

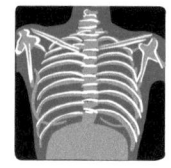

X光
x-ray

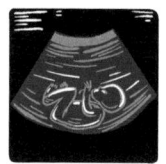

超音波
echo

口罩
masker contra stof

疾病
malesa

候診室
sala di espera

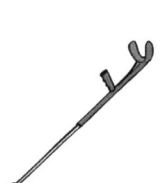

拐杖
kruk

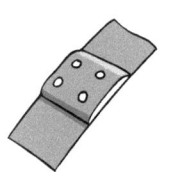

石膏
pleister

繃帶
verband

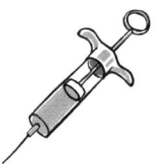

注射
inyeccion

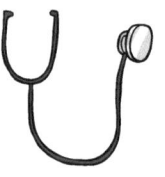

聽診器
stetoscop

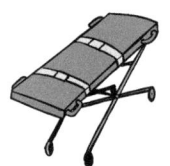

擔架
brancard

體溫計
thermometer

出生
nacemento

超重
sobrepeso

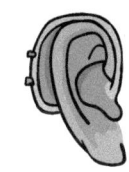

助聽器
aparato pa oido

消毒液
desinfectante

感染
infeccion

病毒
virus

愛滋病
HIV / AIDS

藥物
remedi

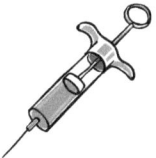

接種疫苗
vacuna

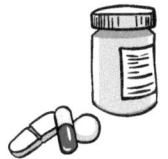

藥片
pilder

藥丸
pilder

急救電話
yamada di emergencia

血壓計
aparato pa midi presion

生病/健康
malo / saludabel

救命！
auxilio!

警報
alarma

突擊
atraco

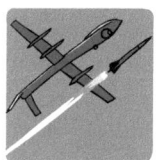

攻擊
atake

危險
peliger

緊急出口
salida di emergencia

失火了！
candela

滅火器
brandspuit

意外
desgracia

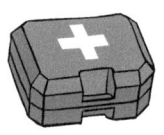

急救箱
caha di prome asistencia

呼救訊號
SOS

員警
polis

mundo

歐洲

Europa

北美洲

Noord America

南美洲

Sur America

非洲

Africa

亞洲

Asia

澳洲

Australia

大西洋

Oceano Atlantico

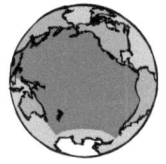

太平洋

Oceano Pacifico

印度洋

Oceano Indio

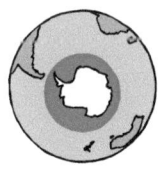

南冰洋

Oceano Antartico

北冰洋

Oceano Artico

北極

Noordpool

南極
Zuidpool

南極洲
Antartica

地球
mundo

陸地
tera

海
lama

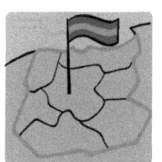

島
isla

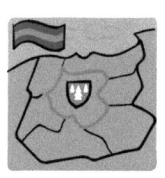

國家
nacion

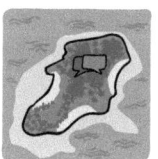

州
estado

錶盤

holoshi analog

時針

wijzer chikito

分針

wijzer grandi

秒針

wijzer di seconde

現在幾點？

Cuant'or tin?

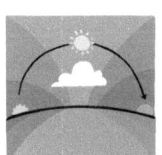

天

dia

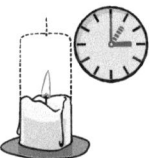

時間

tempo

現在

awor

電子錶

holoshi digital

分

minuut

時

ora

週

siman

週一
dialuna

週三
diaranson

週五
diabierna

週二
diamars

週六
diasabra

週四
diahuebs

週日
diadomingo

昨天
ayera

今天
awe

明天
mañan

早晨
mainta

中午
merdia

晚上
anochi

工作日
dia di trabou

週末
weekend

雨
awacero

彩虹
arco iris

風
biento

雪
sneeuw

春
lente

夏
zomer

秋
herfst

冬
winter

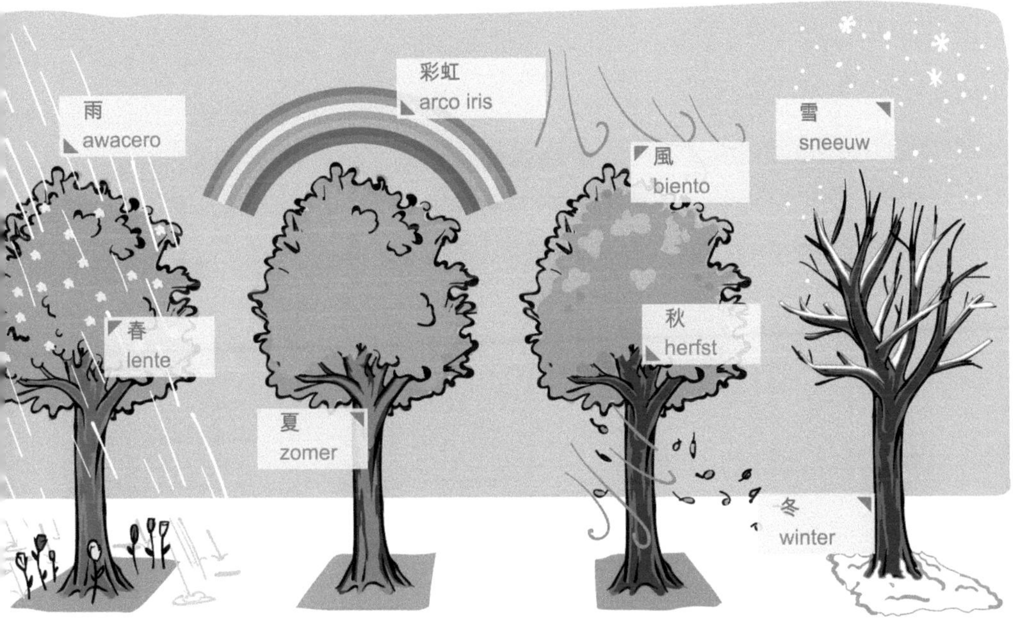

天氣預告

pronostico di tempo

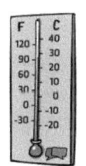

溫度計

thermometer

陽光

solo ta briya

雲

nubia

霧

neblina

潮濕

humedad

閃電

lamper

打雷

strena

風暴

mal tempo

冰雹

hagel

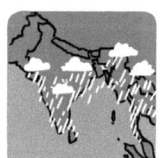

季風

mal tempo

洪水

inundacion

冰

ijs

一月

januari

二月

februari

三月

maart

四月

april

五月

mei

六月

juni

七月

juli

八月

augustus

九月
september

十月
october

十一月
november

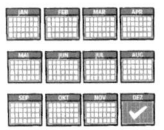

十二月
december

形狀

forma

圓形
circulo

正方形
cuadra

長方形
rectangulo

三角形
triangulo

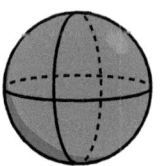

球體
bol

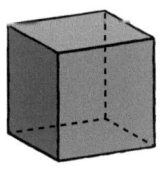

立方體
kubus

白
blanco

黃
geel

橙
oraňo

粉
ros

紅
cora

紫
biña

藍
blauw

綠
berde

棕
bruin

灰
shinishi

黑
preto

很多/少許

hopi / tiki

生氣/平靜

rabia / trankil

美/醜

bunita / mahos

首/尾

comienso / final

大/小

grandi / chikito

明/暗

cla / scur

兄弟/姐妹

ruman homber / ruman
muhe

乾淨/骯髒

limpi / sushi

完整/缺失

completo / incompleto

白天/晚上

dia / anochi

死/生

morto / bibo

寬/窄

hancho / smal

可食用/非食用

comibel / incomibel

邪惡/善良

mal hende / bon hende

興奮/無聊

ansioso / ferfela bo mes

胖/瘦

gordo / flaco

第一/最後

prome / ultimo

朋友/敵人

amigo / enemigo

滿/空

yen / bashi

硬/軟

duro / moli

重/輕

pisa / lihe

餓/渴

hamber / sed

生病/健康

malo / saludabel

非法/合法

ilegal / legal

聰明/愚笨

inteligente / sabi

左/右

robes / drechi

近/遠

cerca / leu

新/舊

nobo / uza

沒有/有些

nada / algo

老/幼

bieu / jong

開/關

cendi / paga

打開/闔上

habri / cera

安靜/吵鬧

keto / duro

富/窮

rico / pober

對/錯

bon / fout

粗糙/光滑

grof / liso

傷心/高興

tristo / contento

短/長

cortico / largo

慢/快

pocopoco / lihe

濕/乾

muha / seco

溫暖/涼爽

cayente / friu

戰爭/和平

guera / paz

反義詞 - contrario

0

零

cero

1

一

un

2

二

dos

3

三

tres

4

四

cuater

5

五

cinco

6

六

seis

7

七

shete

8

八

ocho

9

九

nuebe

10

十

dies

11

十一

diesun

12

十二
diesdos

13

十三
diestres

14

十四
diescuatro

15

十五
diescinco

16

十六
diesseis

17

十七
diesshete

18

十八
diesocho

19

十九
diesnuebe

20

二十
binti

100

百
shen

1.000

千
mil

1.000.000

百萬
miyon

英語

Ingles

美式英語

Ingles Mericano

普通話

Chines Mandarin

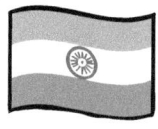

印地語

Hindi

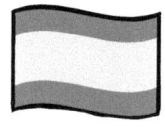

西班牙語

Spaño

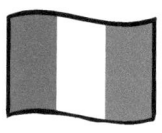

法語

Frances

阿拉伯語

Arabe

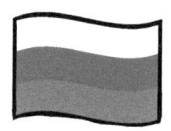

俄語

Ruso

葡萄牙語

Portugues

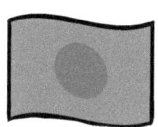

孟加拉語

Bengal

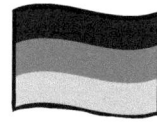

德語

Aleman

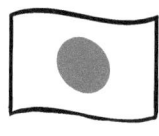

日語

Hapones

我
ami

你
abo

他/她/它
e

我們
nos

你們
boso

他們
nan

誰？
ken?

什麼？
kico?

如何？
con?

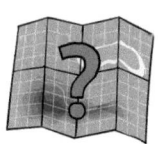

何處？
unda?

何時？
ki ora?

名字
nomber

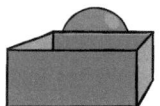

後面

patras

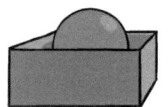

裡面

den

前面

dilanti di

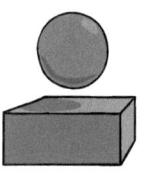

上方

ariba

上面

riba

下麵

bou di

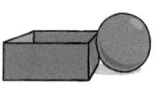

旁邊

banda di

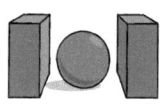

中間

entre

地點

luga